Alexandra Schaffert

Aus der Reihe: e-fellows.net stipendiaten-wissen

e-fellows.net (Hrsg.)

Band 293

Konfliktstoff Wasser

GRIN Verlag

Bibliografische Information der Deutschen Nationalbibliothek:

Die Deutsche Bibliothek verzeichnet diese Publikation in der Deutschen National-
bibliografie; detaillierte bibliografische Daten sind im Internet über http://dnb.d-
nb.de/ abrufbar.

Impressum:

Copyright © 2010 GRIN Verlag GmbH
Druck und Bindung: Books on Demand GmbH, Norderstedt Germany
ISBN: 978-3-656-03605-0

Dieses Buch bei GRIN:

http://www.grin.com/de/e-book/179344/konfliktstoff-wasser

GRIN - Your knowledge has value

Der GRIN Verlag publiziert seit 1998 wissenschaftliche Arbeiten von Studenten, Hochschullehrern und anderen Akademikern als eBook und gedrucktes Buch. Die Verlagswebsite www.grin.com ist die ideale Plattform zur Veröffentlichung von Hausarbeiten, Abschlussarbeiten, wissenschaftlichen Aufsätzen, Dissertationen und Fachbüchern.

Besuchen Sie uns im Internet:

http://www.grin.com/

http://www.facebook.com/grincom

http://www.twitter.com/grin_com

Konfliktstoff Wasser

Inhaltsverzeichnis

1. Allgemeine Informationen zur globalen Wasserkrise

1.1. Wasservorkommen und -nutzung

Sieht man sich die Erde auf einem Satellitenbild an so erweckt es den Anschein, als wäre das Wasser auf dem „blauen Planeten" im Überfluss vorhanden. Doch Tatsache ist, dass jedes Jahr Millionen von Menschen an Wassermangel sterben, riesige Seen und Flüsse austrocknen, sich Feuchtgebiete in Wüsten verwandeln und blutige Kriege um das wertvolle Nass geführt werden. Wie es zu dieser verheerenden Wasserkrise kommt wird im Laufe dieser Arbeit untersucht.

„Auf etwa 1,4 Mrd. km³ wird die auf unserem Planeten vorhandene Wassermenge geschätzt."[1] Jedoch muss man beachten, dass nur ein geringer Teil davon genutzt werden kann. Wie in Abbildung 1 zu erkennen ist, sind nur 2,5% des global vorhandenen Wassers Süßwasser. Dieses Süßwasser ist zu 68,75% in Gletschern und ewigem Eis gebunden. Über 30 % des Süßwassers teilen sich zudem auf Wasser aus Bodenfeuchtigkeit, Dauerfrost und Sumpfwasser sowie Wasser aus Seen und Flüssen und sauberes Grundwasser auf. Lediglich 0,27% des gesamten Süßwassers sind als erneuerbares Wasser aus Seen und Flüssen vorhanden. Damit wäre jedoch trotzdem genug Wasser für alle 6 Milliarden Menschen vorhanden, allerdings ist es ungleich verteilt und verknappt weltweit immer mehr, woraufhin auch Streit um die lebenswichtige Ressource entflammt bis hin zum Ausbruch von Kriegen.[2]

---

[1] Böhn, Dieter; Rothfuss, Eberhard (Hrsg.), 2007, S. 231
[2] Vgl. Böhn, Dieter; Rothfuss, Eberhard (Hrsg.), 2007, S. 231

Abbildung 1 – Das Wasser der Erde

Entwurf: *Bartholl*, Grundlage BMZ (1999)

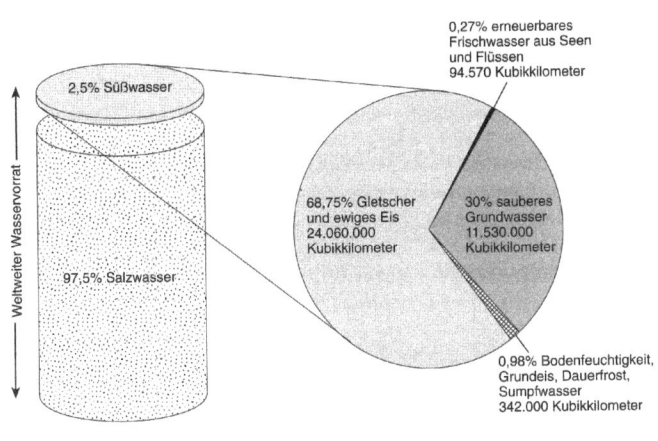

3

Der Mensch nutzt das Wasser generell für drei verschiedene Bereiche: die Landwirtschaft, die 69% des globalen Wasserverbrauchs ausmacht, die Industrie mit 23% und die Haushalte, die 8% des globalen Wasserverbrauchs beanspruchen.[4] Hierbei stellt die landwirtschaftliche Bewässerung eine bedeutende Ursache der Wasserkrise dar, denn sie ist der größte Wasserverbraucher, allerdings spielen auch die Industrie und die Haushalte vor allem in den Industrieländern eine Rolle in der Wasserkrise. Diese Faktoren werden später näher beleuchtet.

1.2. Aktuelle Situation der Wasserknappheit und Prognosen

Zu Beginn ist es notwendig zu klären, wann ein Land unter Wasserknappheit bzw. Wassermangel leidet. Hierbei ist es sinnvoll den Wassermangel- und Wasserknappheitsindex der schwedischen Hydrologin Malin Falkenmark herbeizuziehen. Demnach hat ein Land, in dem pro Kopf jährlich mehr als 1700 m³ erneuerbares Süßwasser gegeben ist eine ausreichende Wasserversorgung. Bei 1700 m³ bis 1000 m³ erneuerbarem Süßwasser jährlich pro Kopf herrscht

---

[3] verändert nach Böhn, Dieter; Rothfuss, Eberhard (Hrsg), 2007, S. 231
[4] Vgl. http://berlin-institut.org/online-handbuchdemografie/umwelt/wasser.html

5

Wasserknappheit und bei unter 1000 m³ Wasser im Jahr pro Kopf beginnt chronischer Wassermangel.[5] „Heute leiden 26 Länder mit einer Gesamtbevölkerung von 505 Millionen Menschen unter Wasserknappheit oder Wassermangel." 2025 werden bereits 39 bis 46 Länder betroffen sein und damit je nach Wachstum 2,4 bis 3,3 Milliarden Menschen.[6] In Deutschland oder ähnlich gut entwickelten Ländern stößt es oft auf Unverständnis in der Gesellschaft, wenn man von einer Wasserkrise spricht. Doch in vor allem ärmeren Ländern ist es eine Tatsache, dass ein großer Mangel an Wasser existiert.

Die nachfolgende Abbildung 2 zeigt, dass nicht nur in Entwicklungsländern oder Ländern, die sowieso an Trockenheit leiden, die Wasserverfügbarkeit abnimmt, sondern auch in Industrieländern.

Im Jahr 2000 lag bei den europäischen Ländern noch kein Mangel an Wasser vor, außer einigen gelegentlichen Engpässen. Doch die Prognose von 2025 veranschaulicht, dass viele Länder Europas an Wasserknappheit leiden werden.

Der Wassermangel von unter 1000 m³ Süßwasser pro Person, der 1950 noch in keinem Land vorhanden war, wird sich von 2000 auf 2025 von den Ländern Nordafrikas und wenigen anderen auf Indien, Iran, Irak, Sudan, Türkei und viele weitere Länder ausdehnen.

Es lässt sich allgemein erkennen, dass die Wasserverfügbarkeit pro Kopf in den letzten Jahrzehnten in vielen Ländern stark gesunken ist und auch in Zukunft noch weiter sinken wird. Somit wird sich die Wasserkrise voraussichtlich noch weiter verschlimmern.

Doch warum wird das Wasser der Erde immer knapper? Dies ist die zentrale Frage dieser Arbeit und wird im Folgenden beantwortet.

---

[5] Vgl. Engelman, Robert; Dye, Bonnie; Le Roy, Pamela (Hrsg.), 2000, S. 25
[6] Vgl. Engelman, Robert; Dye, Bonnie; Le Roy, Pamela (Hrsg.), 2000, S. 30

Abbildung 2 – Entwicklung der Verfügbarkeit von Süßwasser

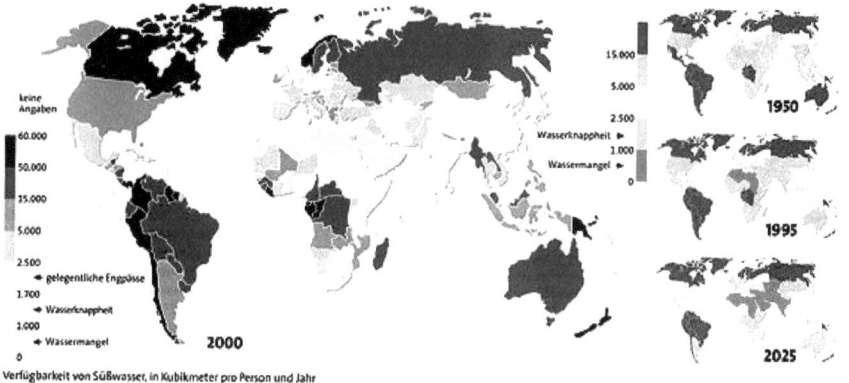

7

2. Ursachen der Wasserkrise

2.1. Klimatische Verhältnisse

2.1.1. Trockengebiete

Abbildung 3 – Die Trockengebiete der Erde

hyperarid

arid

semiarid

8

---

[7] http://tracto-technik.de/index.cfm?menuID=137&blogID=28&blogGroupID=1&
showComment&cmd=blog

[8] http://wiki.bildungsserver.de/klimawandel/index.php/Desertifikation_Arbeitsblatt_1

„Die Verfügbarkeit von Wasser hängt weitgehend vom Klima ab, insbesondere von der zeitlichen und räumlichen Verteilung der Niederschläge und dem ‚Verdunstungsbedarf' der Atmosphäre, deren Aufnahmefähigkeit für Feuchtigkeit hauptsächlich von der Durchschnittstemperatur bestimmt wird."[9]

Das erneuerbare Süßwasser der Erde ist ungleich verteilt. So befindet sich die Hälfte „auf dem Territorium von nur sechs Staaten: Brasilien, Russland, Kanada, Indonesien, China und Kolumbien."[10] In den trockensten Ländern, in denen die Menschen nur von einem sehr geringen Süßwasserbestand schöpfen können, herrscht somit auch der größte Mangel an Wasser. Die trockensten Länder mit dem größten Wassermangel sind laut Wassermangel-Index Kuwait, das in der ariden Zone 2 von Abbildung 2 liegt und in dem nur 10 m³ Süßwasser pro Kopf im Jahr vorhanden sind, die Vereinigten Arabischen Emirate mit 61 m³ und Libyen, das nur 107 m³ Süßwasser zur Verfügung hat.[11]

So herrschen in ariden Gebieten große Wassernöte, wie man anhand des Beispiels der Sahelzone erkennen kann. Sie befindet sich am südlichen Sahararand und ist wie in Abbildung 2 zu sehen arid bis semiarid. Dort wird die Landschaft von Halbwüsten, Dorn- und Trockensavannen bestimmt. Das Gebiet leidet an sehr niedrigen und unregelmäßigen Niederschlägen, langen Trockenzeiten und ausgeprägten Dürreperioden. Diese Bedingungen sorgen nicht nur für einen starken Wassermangel sondern auch für zahlreiche Hungerkatastrophen in der Sahelzone, die bekannteste davon in den 70er und 80er Jahren, in denen 1 Millionen Menschen verhungerten.[12]

---

[9] Engelman, Robert, Dye, Bonnie, Le Roy, Pamela (Hrsg.), 2000, S. 17
[10] Pearce, Fred (Hrsg.), 2007, S. 41
[11] Vgl. Engelman, Robert; Dye, Bonnie; Le Roy, Pamela (Hrsg.), 2000, S. 106
[12] Vgl. http://home.rhein-zeitung.de/~smaedche/Wissen/sahel.htm

2.1.2. Klimawandel

Doch die Wasserkrise ist nicht nur natürlich gegeben. Noch nie hatte der Mensch so viel Einfluss auf die Natur wie jetzt. Durch den enormen technischen Fortschritt und das starke Bevölkerungswachstum der letzten Jahre ist der Energiebedarf der Menschheit stark gestiegen. Jedoch führt die übermäßige Verbrennung der fossilen Brennstoffe zu einem Klimawandel, dessen Folgen die weltweite Wasserkrise zuspitzen.

Zwar sind die genauen Auswirkungen des Klimawandels noch nicht hinreichend erforscht, man kann allerdings davon ausgehen, dass die Temperaturen global ansteigen werden, was zum Teil schon begonnen hat. Das genaue Ausmaß des Temperaturanstiegs ist schwer vorherzusagen, doch es ist äußerst wahrscheinlich, dass die Erde sich bis 2025 um mindestens 1°C erwärmen wird und bis zum Ende des Jahrhunderts bereits eine Erwärmung von 6°C erreicht haben kann.

Der Anstieg der Temperaturen hat eine höhere Verdunstungsrate zur Folge, die in einigen Gebieten zu vermehrtem Niederschlag führt, in anderen aber häufigere, längere und intensivere Wärmeperioden und Hitzewellen verursachen wird sowie mehr Gebiete, die von Dürren betroffen sind. Dies wird auch zu einer verstärkten Desertifikation führen, da aufgrund des Wassermangels die Vegetation zurückgehen wird und der Boden für Erosion anfälliger wird. [13]

So geht der Weltklimarat davon aus, „dass bis 2050 die Wasserverfügbarkeit in einigen trockenen Regionen der mittleren Breiten und der Tropen um 10 bis 30 Prozent zurückgehen könnte." Australien, Neuseeland, Südeuropa, Südamerika sowie große teile Asiens „werden mit weniger Wasser zurechtkommen müssen."

Am stärksten betroffen ist allerdings Afrika, in dem in den nächsten 10 Jahren bis zu 250 Millionen Menschen einen verschärften Wassermangel ertragen müssen. [14]

Der Klimawandel hat seine Auswirkungen bezüglich der Erderwärmung bereits durch zunehmendes Gletscherschmelzen gezeigt. So weisen die Europäischen Alpen nur noch ein Drittel ihrer Größe von 1850 auf. Aber auch die Gletscher des Himalajas und die Schneekappen des Mount Kenia und des Kilimandscharo, von denen man

---

[13] Vgl. Dow, Kirstin; Downing, Thomas (Hrsg.), 2007, S. 36
[14] Vgl. http://www.km.bayern.de/blz/web/700207/3.asp

sogar annimmt, dass diese bis 2025 gänzlich wegschmelzen werden, gehen verstärkt zurück.[15]

Dies führt dazu, dass die Flüsse, die von den Gletschern gespeist werden, anfangs mehr Wasser führen, was jedoch Überschwemmungen hervorrufen kann. Nach kurzer Zeit werden sie allerdings viel weniger Wasser führen können, da die Gletscher, die ihnen als Quellen dienen, zurückgehen. Daher könnte beispielsweise der Rhein im Sommer weniger Wasser führen[16], aber auch in Nordindien sind der Indus und der Ganges, auf den Millionen von Menschen angewiesen sind, bedroht, denn diese Flüsse werden größtenteils von Gletschern gespeist.[17]

„Flüsse, die im Sommer ihren höchsten Stand hatten und vielleicht zur Trinkwasserversorgung herangezogen wurden, werden dann kleine Rinnsale sein, und eine Wasserverknappung kann die Folge sein."[18]

2.2. Bevölkerungswachstum

Abbildung 4 – Weltbevölkerung und Verwendung von Süßwasser von 1940 bis 2000

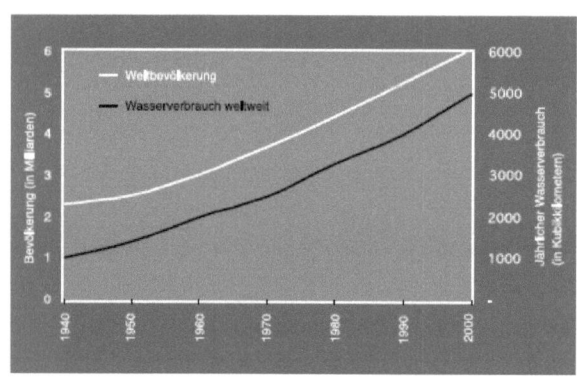

19

---

[15] Vgl. Dow, Kristin; Downing, Thomas (Hrsg.), 2007, S. 24 f.
[16] Vgl. http://www.km.bayern.de/blz/web/700207/3.asp
[17] Vgl. Dow, Kristin; Downing, Thomas (Hrsg.), 2007, S. 56
[18]

http://www.vdi.de/fileadmin/vdi_de/redakteur_dateien/dps_dateien/SK/Studien_Stellungnahmen/2009/Wasserkna ppheit_Technologie_Band%2076.pdf, S. 29
[19] Verändert nach Engelman, Robert; Dye, Bonnie; Le Roy, Pamela (Hrsg.), 2000, S. 15

Die Weltbevölkerung wächst jährlich um 80 Millionen Menschen.[20] Doch mit der Zahl der Menschen wächst auch die Nachfrage nach Wasser. Da Wasser nun aber immer in konstanten Mengen vorhanden ist, verknappt es mit ansteigender Nachfrage. So zeigt Abbildung 4, dass die Weltbevölkerung in 60 Jahren von 2,3 Milliarden Menschen auf 6 Milliarden Menschen um mehr als das Doppelte gewachsen ist. Parallel zur Weltbevölkerung hat sich aber der globale Wasserverbrauch pro Jahr vervierfacht.

Was zählt ist allerdings die „Obergrenze" des nutzbaren sich erneuerbaren Süßwassers. Diese liegt schätzungsweise bei 9000 km³ bis 14000 km³ pro Jahr. Das bedeutet, dass ein weiteres erhebliches Wachstum der Weltbevölkerung zu einer Erreichung bzw. Überschreitung der Obergrenze führen kann, wodurch eine Verknappung der globalen Wasserressourcen garantiert ist.

In einigen Ländern oder Regionen sind die kritischen Grenzen bereits erreicht, dies sind die Gebiete die jetzt schon an Wasserknappheit oder Wassermangel leiden.[21]

UN-Prognosen zeigen, dass die Weltbevölkerung bis 2050 auf 9 Milliarden Menschen ansteigen wird. Während die Bevölkerung der Industrieländer weitestgehend stagniert, wächst die Bevölkerung in Entwicklungsländern besonders stark. Einen gewaltigen Bevölkerungsschub erfahren vor allem Afrika und Indien, das China schon bald als bevölkerungsreichstes Land ablösen soll. Dies ist als sehr problematisch anzusehen, da gerade in diesen Gebieten Wasserknappheit bzw. Wassermangel oft ohnehin schon stark ausgeprägt ist und mit einer solchen Entwicklung zunehmend verstärkt wird.

Das Bevölkerungswachstum bewirkt nicht nur eine steigende Nachfrage nach Wasser, es verstärkt auch andere Faktoren, die sich auf eine zunehmende Verknappung des Wassers auswirken. Dazu gehören beispielsweise die durch die wachsende Nahrungsmittel- und Energieproduktion bedingte Abholzung von Wäldern, umweltschädigende Entsorgung von Abfällen und Abwässern, zunehmender Einsatz von Düngemitteln zur Erhöhung des landwirtschaftlichen Ertrags sowie erhöhte Emission von Treibhausgasen, was die Verstärkung des Klimawandels, Verschmutzung der Gewässer und somit eine Störung des Wasserkreislaufs zur Folge hat.[22]

---

[20] Vgl. Böhn, Dieter; Rothfuss, Eberhard (Hrsg.), 2007, S. 235
[21] Vgl. Engelman, Robert; Dye, Bonnie; Le Roy, Pamela (Hrsg.), 2000, S. 14 ff.
[22] Vgl. Engelman, Robert; Dye, Bonnie; Le Roy, Pamela (Hrsg.), 2000, S. 24 f.

11

2.3. Armut

Der Aufbau eines funktionierenden Trinkwasserversorgungssystems ist für Menschen bzw. Staaten, die von Armut betroffen sind nicht möglich. „Häufig sind Menschen mit zu wenig Trinkwasser versorgt, nicht weil es tatsächlich zu wenig sauberes Wasser gäbe, sondern weil sie es sich nicht leisten können."[23]

„Je ärmer Menschen sind, desto mehr zahlen sie für sauberes Wasser." Der Unterschied wird besonders in Metropolen deutlich, wo „Bewohner städtischer Elendsviertel in der Regel fünf- bis zehnmal mehr pro Liter Wasser [zahlen], als die Menschen in einer wohlhabenderen Gegend derselben Stadt."[24]

Armut sorgt häufig zusätzlich für eine starke Wasserverschmutzung, da eine ausreichende Reinigung und Klärung des Wassers auch aufgrund eines fehlenden Wasserversorgungssystems für arme Länder nicht bezahlbar ist.

Die Auswirkungen der Armut auf den Wassermangel eines Landes oder einer Region sind sehr spezifisch, ein anschauliches Beispiel ist Pakistan. Dort sind theoretisch rund 2700 Kubikmeter erneuerbares Süßwasser pro Kopf vorhanden, doch trotzdem leiden die Menschen in dem Land unter einem akuten Wassernotstand. Die Ursache dafür ist im Grunde die große Armut des Staates und der Bevölkerung. Das Land besitzt ein kaum vorhandenes und veraltetes Wasserversorgungssystem. Die Wasserleitungen sind verrostet und undicht, weshalb ein großer Teil des Wassers versickert, bevor er sein Ziel erreicht.

Das Wasser aus den Leitungen ist kontaminiert und führt zu schweren Erkrankungen, da sich das Land eine gründliche Klärung des Trinkwassers nicht leisten kann, denn es mangelt an Geräten, aber auch der Strom, um die Geräte zu betreiben, kann nicht bezahlt werden. Doch meistens fließt gar kein Wasser in den Leitungen, da die Wasserwerke nur selten in Betrieb sind, denn das Land leidet unter Energieproblemen, da der Strom wegen steigender Energiepreise zu teuer ist und oft sowieso nicht vorhanden.

Der Wassernotstand wird zudem durch eine lange Trockenzeit und durch den Klimawandel verstärkt, der bewirkt, dass die Gletscher des Landes wegschmelzen. Dadurch sinkt das Wasserreservoir des Landes und verhindert den landwirtschaftlichen Anbau, was zu Armut im Land führt und womit sich der

---

[23] http://www.km.bayern.de/blz/web/700207/3.asp
[24] http://www.tourism-watch.de/de/node/763

12

Teufelskreis schließt, denn Pakistan ist zu einem großen Teil von der Landwirtschaft abhängig.[25]

So wie Pakistan ergeht es vielen Ländern und macht eine Entwicklung unmöglich.

2.5. Trinkwasserverschmutzung

„Rund 1,1 Milliarden Menschen haben keinen Zugang zu sauberem Wasser, 2,6 Milliarden müssen ohne angemessene sanitäre Anlagen auskommen und 1,8 Millionen Menschen sterben jährlich an wasserbedingten Krankheiten."[26]

Diese hohen Zahlen zeigen, dass sich „[d]ie Sorge um das Wasser [...] nicht allein auf dessen Quantität [beschränkt]; sie gilt zunehmend auch seiner Qualität."[27]

Wasserverschmutzung ist meist eine direkte Folge von Armut, wie man auch anhand des Beispiels von Pakistan erkennen kann. Entwicklungsländer haben nicht die finanziellen Mittel eine ausreichende Abwasserentsorgung einzurichten, was eine Verschmutzung der Gewässer, von denen die Menschen ihr Wasser beziehen, und somit Auswirkungen auf die Gesundheit der Menschen sowie schwerwiegende ökologische Probleme zur Folge hat.

Weltweit werden 95% der Abwässer ungeklärt abgeleitet. Dies ist nicht nur in Entwicklungsländern der Fall, 70 europäische Großstädte hatten im Jahr 2003 keine ausreichende Abwasserentsorgung. Die Verschmutzung „der Gewässer [kann] so groß werden, dass Wasserknappheit auftritt, wie z.B. in der Stadt Shanghai." Die Stadt verfügt über den Fluss Yangtze und den See Taihu als ausreichende Wasserlieferanten, jedoch wurden ihnen Milliarde Tonnen von ungereinigten Abwässern aus Industrie und Haushalten zugeführt, sodass das Wasser derart verschmutzt ist, dass es nicht mehr als Trinkwasser verwendet werden kann.[28]

Wasserverschmutzung geschieht oft durch die Industrie, die Produktionsnebenstoffe falsch entsorgt und somit direkt oder auf Umwegen dem Grundwasser zuführt. Aber auch durch Chemieunfälle kann die Industrie verheerende Wasserverschmutzungen

---

[25] Vgl. http://www.dw-world.de/dw/article/0,,3566682,00.html
[26] http://berlin-institut.org/online-handbuchdemografie/umwelt/wasser.html
[27] http://berlin-institut.org/online-handbuchdemografie/umwelt/wasser.html
[28] Vgl.
http://www.vdi.de/fileadmin/vdi_de/redakteur_dateien/dps_dateien/SK/Studien_Stellungnahmen/2009/Wasserkna ppheit_Technologie_Band%2076.pdf, S. 21 f.

hervorrufen[29], wie am Beispiel des Aluminiumwerks in Ungarn zu sehen ist, bei dem erst kürzlich eine giftige Schlammwelle durch einen gebrochenen Damm 40 km² Fläche überschwemmt hatte. Der WWF geht davon aus, dass der Unfall enorme Auswirkungen auf die Ökosysteme sowie auf die Trinkwasserversorgung haben wird.[30]

Die Landwirtschaft kann ebenfalls ein Verursacher für Wasserverschmutzung sein, wenn Düngemittel und Pestizide in die Wasserkreisläufe gelangen. Durch die Haushalte kommen auch häufig unachtsam entsorgte Gifte in den Wasserkreislauf. Außerdem können durch sauren Regen Abgase aus der Luft ins Grundwasser gelangen.[31]

Allerdings kann Wasserverschmutzung auch natürlich gegeben sein. In Indien zum Beispiel wurden eine Vielzahl an Brunnen gebaut, was dem Kinderhilfswerk UNICEF zu verdanken ist. Man ging davon aus, dass das natürliche tief liegende Grundwasser nicht mit Schadstoffen verunreinigt sein konnte, sodass man die gegrabenen Brunnen nicht nach diesen untersuchte.

Dies war jedoch ein fataler Fehler, denn das Grundwasser war vergiftet mit Fluorid, das aus dort liegenden Granitfelsen kam. Die Nutzung dieser Brunnen führte zu einer Massenvergiftung, von der geschätzte 20 Millionen Menschen in Indien betroffen sind, und verursachte Verkrüppelungen, Krebs und viele andere Krankheiten. Solche Fälle sind allerdings auch aus China, Chile und anderen Ländern bekannt.[32]

2.4. Wasserverschwendung und –übernutzung in den einzelnen Sektoren

Der Mensch nimmt pro Tag nicht mehr als 5 Liter Wasser zu sich. Dazu kommt das Wasser zum Waschen, für die Toilettenspülung und ähnliches, was alles zusammen ca. 150 Liter ergibt. Der durchschnittliche Deutsche verbraucht sogar etwas weniger als das.[33] In einigen Ländern liegt der tägliche Wasserverbrauch pro Person aber weitaus höher. So verbraucht ein Mensch in den USA ca. 400 Liter. Man kann und sollte hieran natürlich sparen, doch der Wasserverbrauch im Haushalt macht im

---

[29] Vgl. http://www.wasser.de/inhalt.pl?tin=&kategorie=2000106&zwischenebenen=0
[30] Vgl. http://www.abendblatt.de/vermischtes/article1654447/Aufraeumen-nach-Chemieunfall-Umweltschuetzer-kritisieren-EU.html
[31] Vgl. http://www.wasser.de/inhalt.pl?tin=&kategorie=2000106&zwischenebenen=0
[32] Vgl. Pearce, Fred (Hrsg.), 2007, S. 86 ff.
[33] Vgl. http://www.biobay.de/artikel/wasser-fussabdruck-gesamt-wasserverbrauch-in-deutschland

Durchschnitt nur 8% des globalen Wasserverbrauchs aus und ist somit relativ unbedeutend.[34] Die Industrie mit einem Anteil von 23% ist schon einflussreicher, denn das dort verwendete Wasser wird zur Kühlung, zur Abfallbeseitigung und Reinigung gebraucht. Doch das Wasser wird oftmals ungeklärt und erwärmt in die Natur zurückgeleitet, wodurch es zu Wasserverschmutzung kommt.

Die Landwirtschaft ist mit 69% allerdings der größte Wasserverbraucher, wodurch sie von allen Wasserverbrauchern zum bedeutendsten Mitverursacher der Wasserkrise wird. Die bewässerten 15% der weltweiten landwirtschaftlichen Fläche sind für 40% der globalen Lebensmittelproduktion verantwortlich.[35] Vor allem in trockenen Regionen der Erde ist es notwendig die Felder zu bewässern, da die Niederschläge niedrig und die Verdunstung hoch ist.

Besonders heutzutage werden vermehrt neu gezüchtete Pflanzenarten angebaut, die zwar im Bezug auf den Ertrag sehr effizient sind, jedoch meist sehr viel Wasser benötigen, was eine verstärkte Bewässerung fordert.[36] So steht Ägypten vor dem Problem, dass die landwirtschaftliche Produktion nicht ausreicht, da nicht mehr genügend Wasser für die hochgezüchteten Pflanzenarten zur Verfügung steht, was das Land zu großen Nahrungsmittelimporten zwingt. Ein Beispiel für Länder mit einer besonders ausgeprägten Bewässerungslandwirtschaft sind Afghanistan und der Sudan, in denen 90% des gesamten Wasserverbrauchs für die Landwirtschaft eingesetzt werden.[37]

Das Bevölkerungswachstum hat bezüglich der globalen Bewässerungslandwirtschaft zur Folge, dass die steigende Nachfrage nach Lebensmitteln gedeckt werden muss, was durch eine Vergrößerung der Landwirtschaftlichen Bewässerungsflächen geschieht, um einen höheren Ertrag zu erreichen. So ist vorauszusehen, dass der Anteil der Bewässerungslandwirtschaft in Zukunft weiter zunehmen wird.[38]

Jedoch ist der Nutzungsgrad des Wassers in der Landwirtschaft meist wenig effektiv und liegt bei rund 45% des eingesetzten Wassers.[39] Das erschreckende Beispiel des Aralsees zeigt, dass mit dem Wasser meist nicht effizient und sparsam genug umgegangen wird.

---

[34] Vgl. Pearce, Fred (Hrsg.), 2007, S. 43
[35] Vgl. Böhn, Dieter; Rothfuss, Eberhard (Hrsg.), 2007, S. 233
[36] Vgl. Pearce, Fred, 2007, S. 43
[37] Vgl. Engelman, Robert; Dye, Bonnie; Le Roy, Pamela (Hrsg.), 2000, S. 19
[38] Vgl. http://km.bayern.de/blz/web/700207/3.asp
[39] Sager, Wilhelm (Hrsg.), 2001, S. 22

Abbildung 5 – Karte Aralsee

In den 50er Jahren wurde durch die Sowjetunion damit begonnen Wasser aus den Zuflüssen des Aralsees Amu Darya und Syr Darya abzuleiten, um damit riesige Teile in den umliegenden trockenen Gebieten landwirtschaftlich nutzbar zu machen. Diese bewässerten Baumwollanbauflächen wurden seitdem „von 2,8 auf nahezu 8 Millionen Hektar ausgeweitet." Also wurde immer mehr Wasser aus den Zuflüssen entnommen, bis zu 90%. Doch der Aralsee war auf das Wasser aus seinen Zuflüssen angewiesen, als dieses aber nicht mehr genügend nachfloss, sank der Seespiegel drastisch. Wie auf den vergleichenden Abbildungen 6 und 7 zu erkennen ist, ist 2009 von dem ursprünglich viertgrößten Binnensee der Erde nur noch ein geringer teil vorhanden. Der See ist heute stark alkalisch und verursacht große ökologische Probleme.[41]

---

[40] http://de.academic.ru/dic.nsf/dewiki/71752
[41] Vgl. Sager, Wilhelm (Hrsg.), 2001, S. 64 ff.

Abbildung 6
- Aralsee 1989

Abbildung 7
- Aralsee 2009

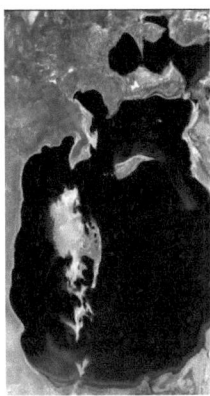

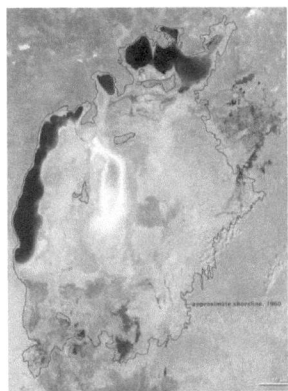

42   43

So wurde ein ehemaliges Feuchtgebiet durch enorme landwirtschaftliche Übernutzung versalzen und fast vollständig ausgetrocknet.

Dieses Schicksal veranschaulicht gut den unkontrollierten und verschwenderischen Umgang mit Wasser in der Landwirtschaft, wodurch die Wasserkrise nur angetrieben wird.

3. Krieg um Wasser als Folge der Wasserkrise

Angesichts der sich zuspitzenden Wasserkrise kann es zu Konflikten und sogar Kriegen um das wertvolle Nass kommen. „Das 21. Jahrhundert könnte [...], wie einige Experten befürchten, zum Jahrhundert der ‚Wasserkriege' werden."[44]

Konflikte um Wasser können grundsätzlich aufgrund folgender Faktoren auftreten:

- die einzelnen Länder weisen unterschiedliche Verfügbarkeit bzw. Verfügungsrechte über Wasser auf
- Bevölkerungswachstum verknappt die Wasserressourcen
- Wirtschaftliches Wachstum erhöht den Wasserbedarf
- Erhöhter Wasserbedarf in der Landwirtschaft

---

[42] http://www.geolinde.musin.de/raummenschnatur/aralsee/aral1.htm
[43] http://www.geolinde.musin.de/raummenschnatur/aralsee/aral1.htm
[44] Sager, Wilhelm, 2001, S. 7

- Unterschiedliche Interessen bzw. Nutzungsansprüche der einzelnen Länder
- Verstädterung erhöht den Trinkwasserbedarf
- Wasserverschmutzung verknappt die Wasserressourcen
- Machtkonstellationen [45]

Zwischen einigen Ländern ist bereits jetzt der Kampf um das Wasser entflammt. „Abgesehen von Kuwait [...] steht den mehr als eine Millionen Bewohnern des Gaza-Streifens so wenig natürliches Süßwasser pro Kopf zur Verfügung wie sonst keiner Bevölkerung der Welt."[46] Aber auch Israel ist laut dem Wassermangelindex sehr stark von Wassermangel betroffen.[47] Das macht das Konfliktpotential natürlich enorm groß und deshalb ist ein Streit zwischen dem Gazastreifen und Israel, der bereits in einem Krieg mündet, um das Wasser ausgebrochen.

Abbildung 8 – Karte Israel

48

Die beiden Länder liegen in einer Region von aridem bis semiaridem Klimas, das bedeutet, dass ausgeprägte Trockenheit und Dürren die Wasservorräte strapazieren. Der See Genezareth und das Jordanbecken, die den Jordan, seine Quell- und Zuflüsse sowie einige Aquifere einschließen, sind für Israel und die palästinensischen Gebiete die Hauptquelle für Süßwasser. Die Verdunstung ist beim

---

[45] Vgl. Sager, Wilhelm, 2001, S. 34
[46] Pearce, Fred, 2007, S.101
[47] Vgl. Engelman, Robert, Dye, Bonnie, Le Roy, Pamela (Hrsg.), 2000, S. 106
[48] http://krisen-und-konflikte.de/palaestina/geschich.htm

See Genezareth aufgrund der großen Oberfläche und der tiefen Lage aber relativ hoch, sodass das Wasserniveau sinken kann. [49]

Ein starkes Bevölkerungswachstum von derzeit 4,7 Millionen Einwohnern Israels auf voraussichtlich 8 Millionen im Jahre 2025 wird die Wasserknappheit des Landes noch verstärken und den Konflikt weiter anfachen.[50]

Außerdem sind „[i]neffiziente Wassernutzung, […] Zuwanderung sowie die kontinuierliche wirtschaftliche Entwicklung und Urbanisierung" für einen erhöhten Wasserbedarf und damit für eine verstärkte Verknappung des Wassers in dieser Region verantwortlich. [51]

Israel kontrolliert und verfügt über den Wasserverbrauch des Gazastreifens seit der Besetzung 1967 und bezieht selbst mehr als 25% seines sich erneuernden Wassers von dort.[52] Einen Teil des dort erschlossenen Wassers verkauft Israel oft zu einem Vielfachen des Preises, den die Israelische Bevölkerung zahlt, an die Palästinenser zurück.[53] Dadurch wird den Bewohnern Israels ein vier Mal so hoher pro Kopf Verbrauch an Wasser wie der der Palästinenser ermöglicht. Die Palästinenser fühlen sich dadurch ausgebeutet.[54]

„Während die Palästinenser im Staub liegen, planschen israelische Siedler im Swimmingpool."[55]

Eine Einigung im diesem Konflikt ist besonders wegen den unterschiedlichen Standpunkten der beiden Länder schwierig. Während Israel die Wasserressourcen nicht neu verteilen will, da es seine Existenz nicht aufs Spiel setzten will, und stattdessen eher für eine Neuerschließung von Ressourcen plädiert z.B. in Form von Meerwasserentsalzung, verlangt die palästinensische Befreiungsorganisation die Autonomie und das volle Verfügungsrecht über ihr eigenes Gebiet.[56]

In dem Abkommen von Oslo wurde bereits ein Einigungsversuch gestartet, indem den Palästinensern ein höherer Wasserverbrauch zugesprochen wird. Ihnen werden jedoch nur 5 Millionen m³ zusätzlich zuerkannt, die auch noch durch Ausbeutung des ohnehin schon überstrapazierten Grundwassers erhalten werden, was bewirkt, dass „die Palästinenser den Israelischen Staat nach wie vor als Wasserschuldner" sehen.

[49] Vgl. Fröhlich, J. Christiane (Hrsg.), 2010, S.22
[50] Vgl. Engelman, Robert, Dye, Bonnie, Le Roy, Pamela (Hrsg.), 2000, S. 35
[51] Vgl. Fröhlich, J. Christiane (Hrsg.), 2010, S.23
[52] Vgl. Engelman, Robert, Dye, Bonnie, Le Roy, Pamela (Hrsg.), 2000, S. 34 f.
[53] Vgl. Sager, Wilhelm (Hrsg.), 2000, S. 49
[54] Vgl. Engelman, Robert, Dye, Bonnie, Le Roy, Pamela (Hrsg.), 2000, S. 34 f.
[55] http://beta.greenaction.de/beitrag/der-kampf-ums-wasser-zeit-online
[56] Vgl. Sager, Wilhelm (Hrsg.), 2000, S. 49

Israel hingegen meint seinen Verpflichtungen aus dem Abkommen von Oslo nachgekommen zu sein, bemüht sich jedoch um eine weitere Verbesserung der Situation. [57]

4. Schlusswort

Das Schicksal von Israel und dem Gazastreifen könnte in der Zukunft weiteren Ländern drohen. Denn es ist noch lange kein Ausweg aus der Krise zu sehen, sie wird sich voraussichtlich noch verschlimmern. Es wird heute weltweit mehr Wasser gefördert, als erneuert wird, was zu einem Aufbrauchen der globalen Wasserressourcen führt und zu einem sinkenden Grundwasserspiegel in vielen Teilen der Erde. Die Ursachen hierfür sind deutlich geworden: Die ungleiche Verteilung des Wassers, der Klimawandel, das enorme Bevölkerungswachstum, Armut und die damit verbundene Wasserverschmutzung sowie ein verschwenderischer Umgang mit dem Wasser vor allem in der Landwirtschaft verursachen eine zunehmende Verknappung des Wassers.

So steigt das Konfliktpotential zwischen bedrohten Gebieten und es lässt sich erahnen, dass in Zukunft weitere Länder und Regionen in einen erbitterten Streit um die wertvolle Ressource kommen werden.

Nur wenn die Menschheit lernt mit dem Wasser nachhaltig umzugehen, kann die Wasserkrise in ihre Schranken gewiesen werden.

---

[57] Vgl. Sager, Wilhelm (Hrsg.), 2000, S. 49 ff.

5. Literaturverzeichnis

5.1. Abbildungsverzeichnis

Abbildung 1 – Das Wasser der Erde:

Böhn, Dieter; Rothfuss, Eberhard (Hrsg.): Handbuch des Geographieunterrichts - Entwicklungsländer 1, Band 8/1, 2007, S. 231

Abbildung 2 – Entwicklung der Verfügbarkeit von Süßwasser:
http://tracto-technik.de/index.cfm?menuID=137&blogID=28&blogGroupID=1&showComment&cmd=blog
05.11.10

Abbildung 3 – Die Trockengebiete der Erde:
http://wiki.bildungsserver.de/klimawandel/index.php/Desertifikation_Arbeitsblatt_1
05.11.10

Abbildung 4 – Weltbevölkerung und Verwendung von Süßwasser von 1940 bis 2000:
Engelman, Robert, Dye, Bonnie, Le Roy, Pamela (Hrsg.): Mensch, Wasser! - Report über die Entwicklung der Weltbevölkerung und die Zukunft der Wasservorräte, 2. Auflage, Stuttgart, Balance-Verl., 2000, Schriftenreihe Bevölkerung und Entwicklung, S. 15

Abbildung 5 – Karte Aralsee:
http://de.academic.ru/dic.nsf/dewiki/71752
05.11.10

Abbildung 6 - Aralsee 1989:
http://www.geolinde.musin.de/raummenschnatur/aralsee/aral1.htm
05.11.10

Abbildung 7 - Aralsee 2009:
http://www.geolinde.musin.de/raummenschnatur/aralsee/aral1.htm
05.11.10

Abbildung 8 – Karte Israel:

http://krisen-und-konflikte.de/palaestina/geschich.htm   05.11.10

5.2. Bücherverzeichnis

Böhn, Dieter; Rothfuss, Eberhard (Hrsg.): Handbuch des Geographieunterrichts - Entwicklungsländer 1, Band 8/1, 2007

Dow, Kirstin; Downing, Thomas E. (Hrsg.): Weltatlas des Klimawandels - Karten und Fakten zur globalen Erwärmung, Hamburg, Europ. Verl.-Anst. [u.a.], 2007

Engelman, Robert; Dye, Bonnie; Le Roy, Pamela (Hrsg.): Mensch, Wasser! - Report über die Entwicklung der Weltbevölkerung und die Zukunft der Wasservorräte, 2. Auflage, Stuttgart, Balance-Verlag, 2000

Pearce, Fred (Hrsg.): Wenn die Flüsse versiegen, München, Verlag Antje Kunstmann, 2007

Sager, Wilhelm (Hrsg.): Wasser, Hamburg, Rotbuch-Verlag, 2001

5.3. Internetquellenverzeichnis

http://berlin-institut.org/online-handbuchdemografie/umwelt/wasser.html   05.11.10

http://beta.greenaction.de/beitrag/der-kampf-ums-wasser-zeit-online   05.11.10

http://home.rhein-zeitung.de/~smaedche/Wissen/sahel.htm   05.11.10

http://www.abendblatt.de/vermischtes/article1654447/Aufraeumen-nach-Chemieunfall-Umweltschuetzer-kritisieren-EU.html   05.11.10

http://www.biobay.de/artikel/wasser-fussabdruck-gesamt-wasserverbrauch-in-deutschland   05.11.10

http://www.dw-world.de/dw/article/0,,3566682,00.html   05.11.10

http://www.km.bayern.de/blz/web/700207/3.asp   05.11.10

http://www.tourism-watch.de/de/node/763   05.11.10

http://www.vdi.de/fileadmin/vdi_de/redakteur_dateien/dps_dateien/SK/Studien_Stellu ngnahmen/2009/Wasserknappheit_Technologie_Band%2076.pdf   05.11.10

http://www.wasser.de/inhalt.pl?tin=&kategorie=2000106&zwischenebenen=0 05.11.10